Poesie d'arte e d'amicizia

di

Annarita Coriasco

Prima edizione

Prefazione di Duilio Chiarle

ISBN 978-1540639820

Dedicato a Ilaria

PREFAZIONE
a cura di Duilio Chiarle

Esiste un luogo, oltre lo spazio ed il tempo (quattro semplici dimensioni), in cui il sogno e la realtà si incontrano: questo luogo si chiama "arte". Nel mondo dell'arte, la fragilità può diventare forza e nel contempo la forza può diventare fragile. Pittura, scultura, fotografia, musica, recitazione e scrittura si fondono insieme nel cinema: l'insieme delle arti del ventesimo secolo. "Arte". Sembra una cosa facile a sentirne parlare. Un semplice vocabolo che racchiude così tanta parte dell'umano: l'invenzione. E l'arte non è soltanto la parte migliore dell'umano, ma anche la più godibile. Tuttavia nessuna arte è tale se manca di poesia.

Ilaria Landini è una scenografa. Molti sottovalutano questo lavoro. Le scenografie teatrali stanno all'arte come i testi teatrali alla recitazione. Le scenografie, siano esse teatrali o cinematografiche, sono importanti per la riuscita della rappresentazione. Bellissime opere d'arte, tuttavia raramente si salvano dall'oblio in cui finiscono al termine della stagione o delle riprese. Ecco, questo è il mestiere di Ilaria Landini. Un mestiere effimero e duraturo e chissà quante sue opere avete ammirato, senza rendervene conto, andando a teatro o al cinema. Ha lavorato con Gabriele Lavia, Monica Guerritore e molti altri. Ha studiato a Pisa presso l'Istituto d'Arte con indirizzo di architettura. Dopo essere diventata Maestra d'arte, ha conseguito la maturità artistica a Lucca ed infine frequentato l'Accademia delle belle arti a Firenze. Scultrice e pittrice, le sue tematiche sono molto varie.

Annarita Coriasco ha ricevuto numerosi premi letterari e per quel che riguarda la poesia, è stata premiata due volte con il premio "Emily Dickinson" e con i premi internazionali "Jean Monnet" e "Carrara - Hallstahammar"; il Presidente della Repubblica Italiana l'ha insignita dell'onorificenza di "Cavaliere" dell'Ordine al Merito "per aver dato lustro alla Nazione nel campo delle arti e delle lettere". Per questo lavoro, l'autrice ha raccolto venti poesie e corredato venti opere di Ilaria Landini. Tutto qui. Semplice, lineare, coerente: la poesia, come semplice complemento ad una opera pittorica. L'insieme, la simbiosi che ne risulta, è una reinterpretazione della realtà ma anche la drammatizzazione di un sogno: l'esperimento è riuscito.

Duilio Chiarle

Poesie d'arte e di amicizia

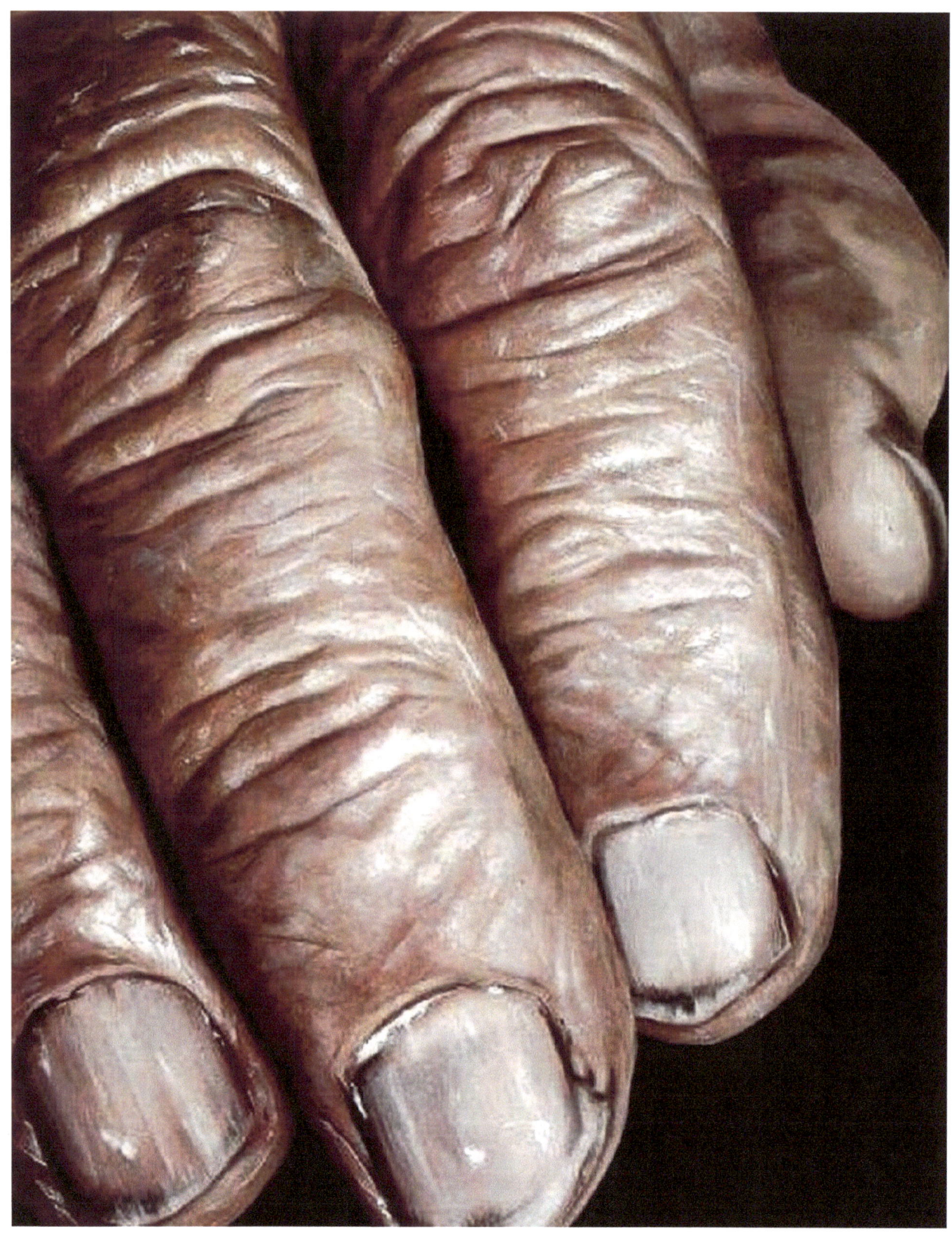

Io non scrivo la storia
con penne e calamai
nelle rughe profonde
di questa mano
immortale
che si ripete
dura di terra
di sole che ingoia
le ore di fatica
troverai
quello che c'è da sapere.

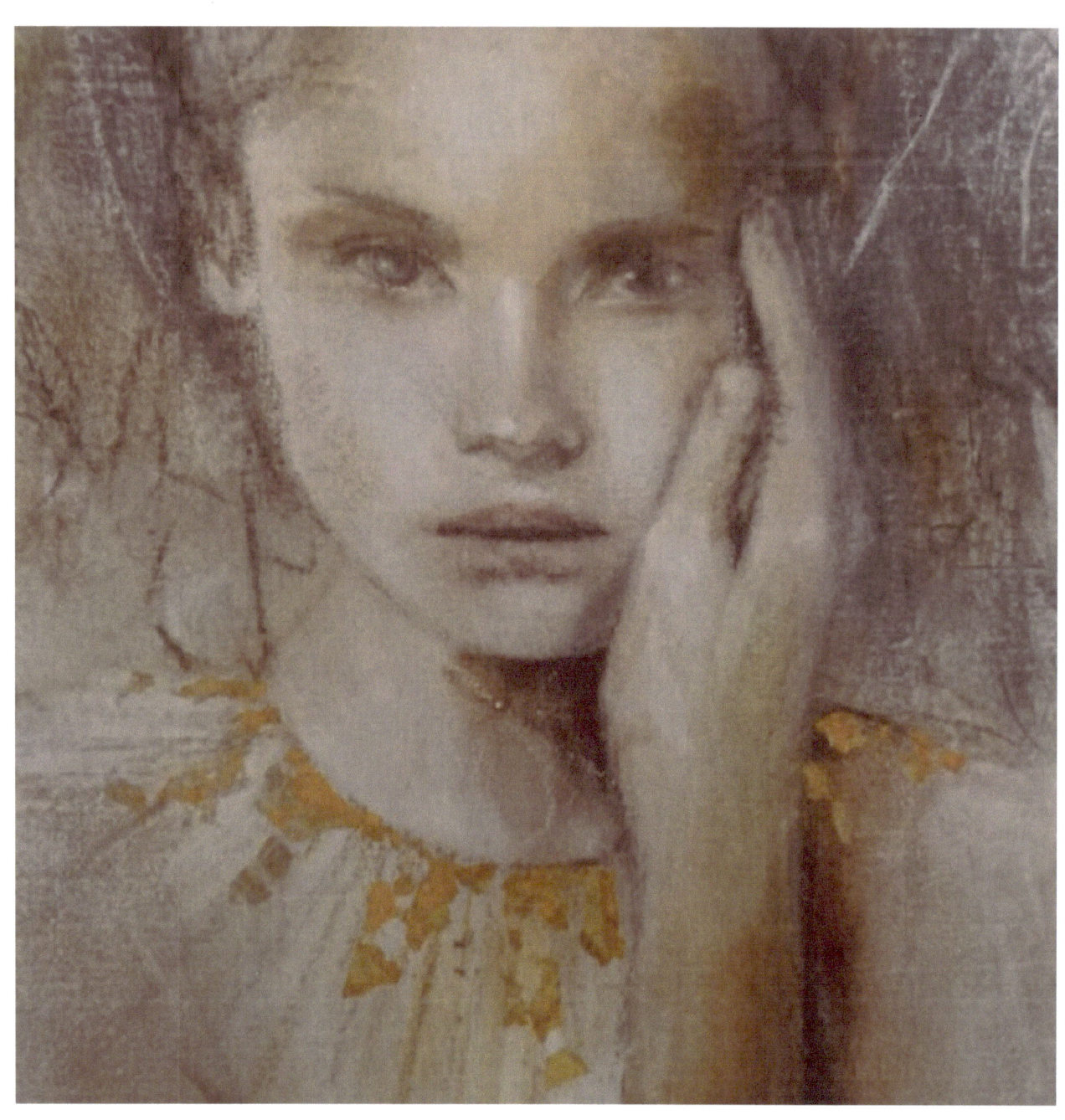

Conosco un mondo
dove anche per un bimbo
una carezza
è un privilegio
e i fucili
di uomini
senza storia
uccidono
il futuro.
Ma tu sei qui
e non devi temere
tu sei
il mio privilegio
di madre.

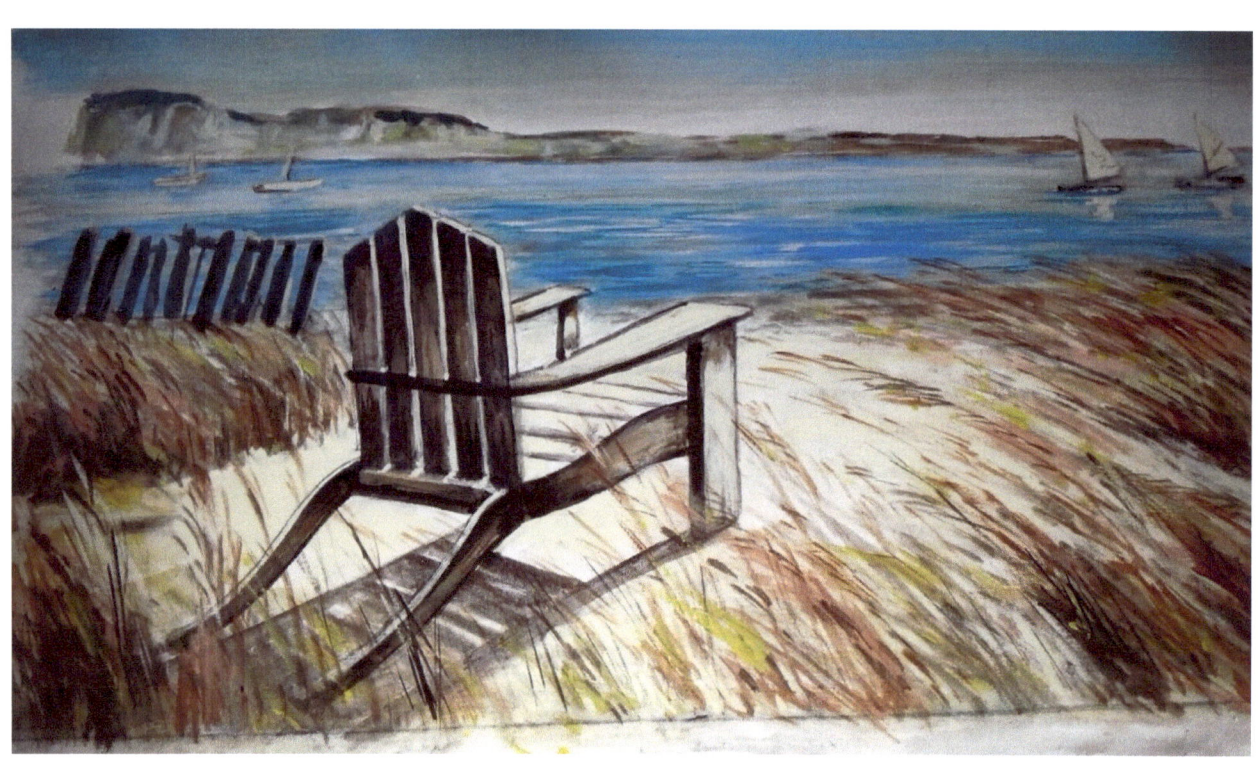

Vede il mare.
Seduto da ore
solo
in una stanza
come tante
pensa al passato
che fugge
al futuro
misterioso
e forse crudele
e vede il mare.

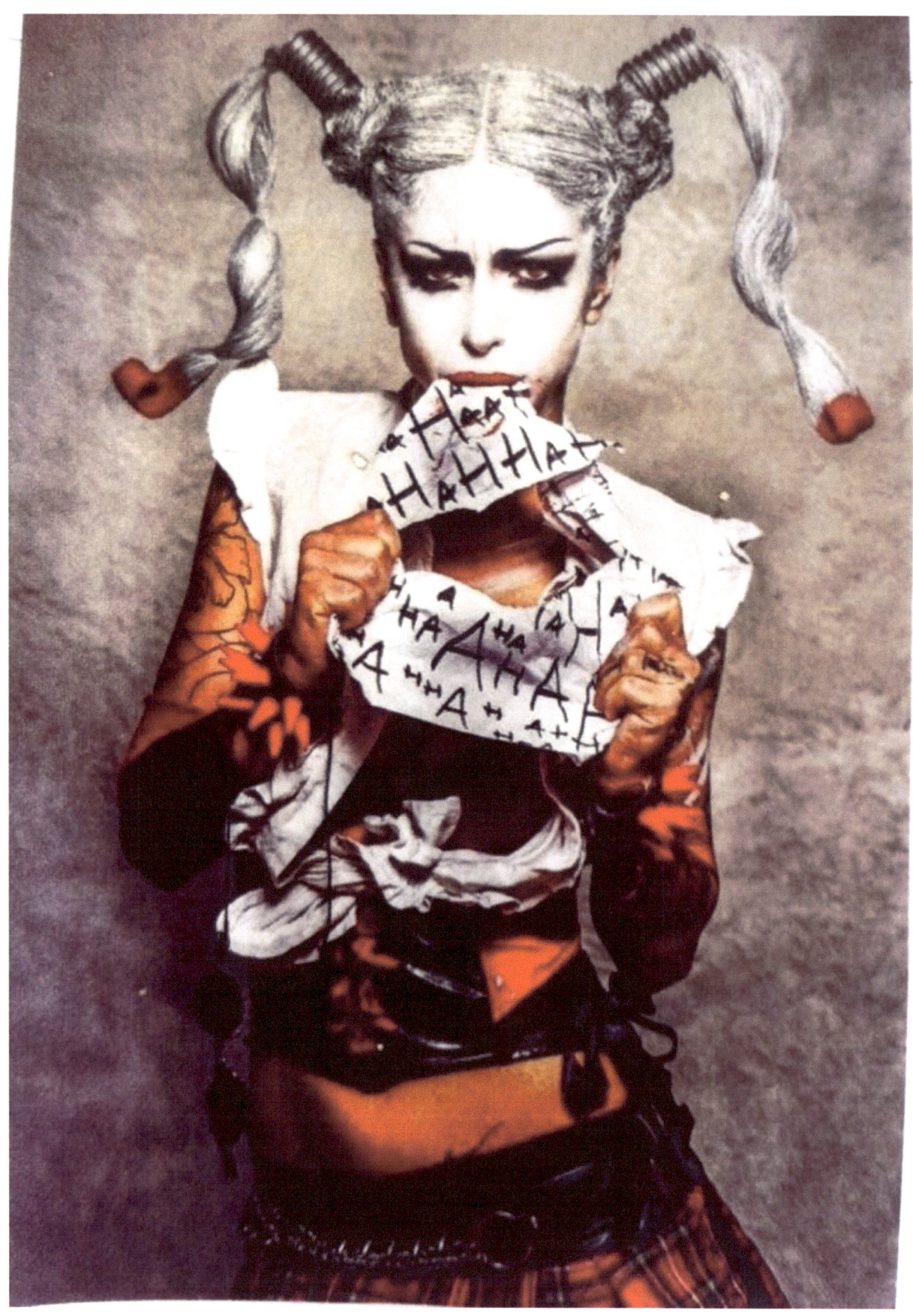

Camminava lenta
per la strada
ore di attesa
minuti di noia
e un compenso
frettoloso.
Camminava lenta
per la strada
e rideva.
Un suono infinito
risuonava
ma da sempre
nessuno lo sentiva.

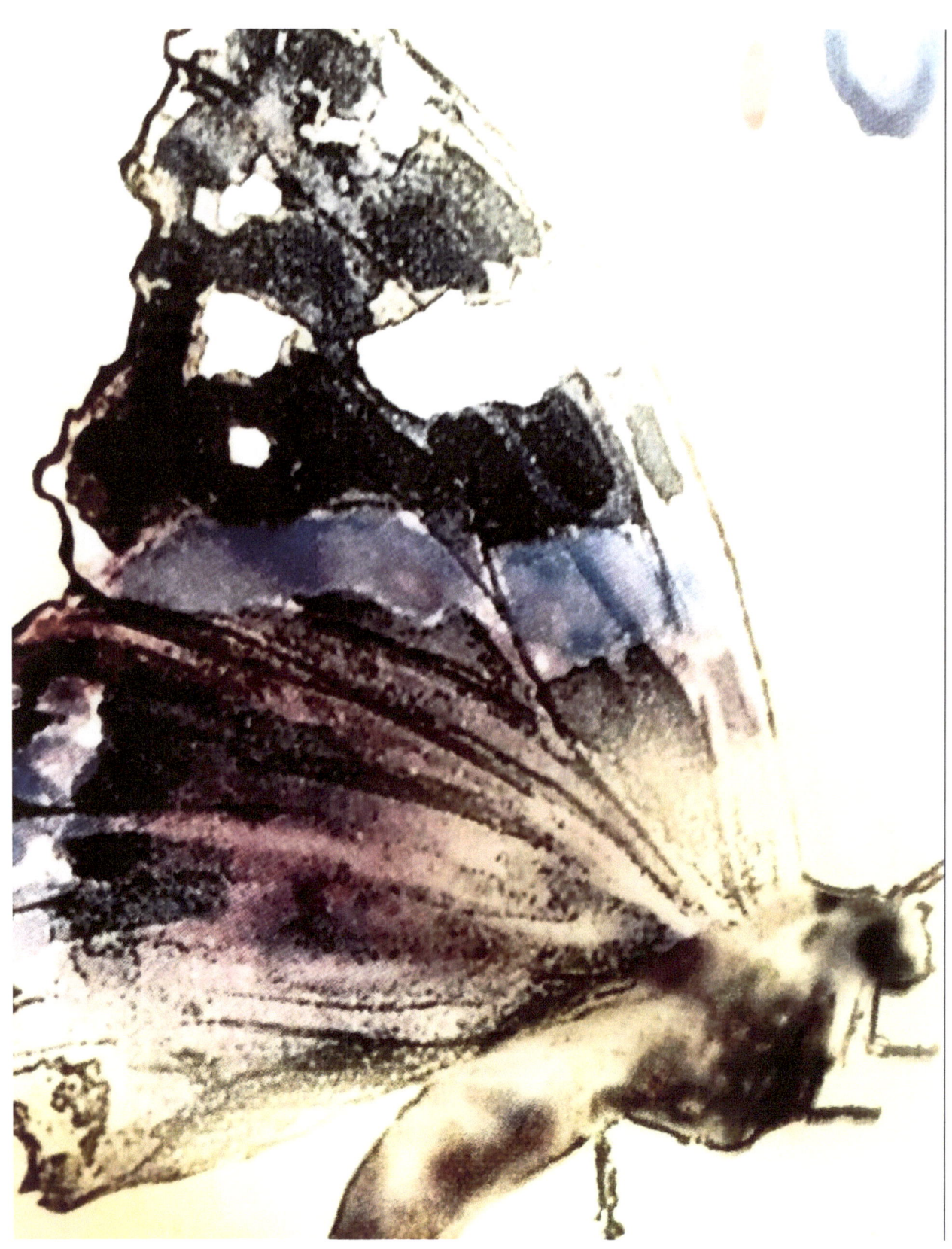

Era libera
nel suo lieto
istante di vita
era bella
quando il sole
carezzava
le sue ali.

La trafisse
con lo spillo
del suo sterile
amore predone
ammirando
la misera fine
su carta
e cornice.
Ora è immobile
i colori
non danzano più.

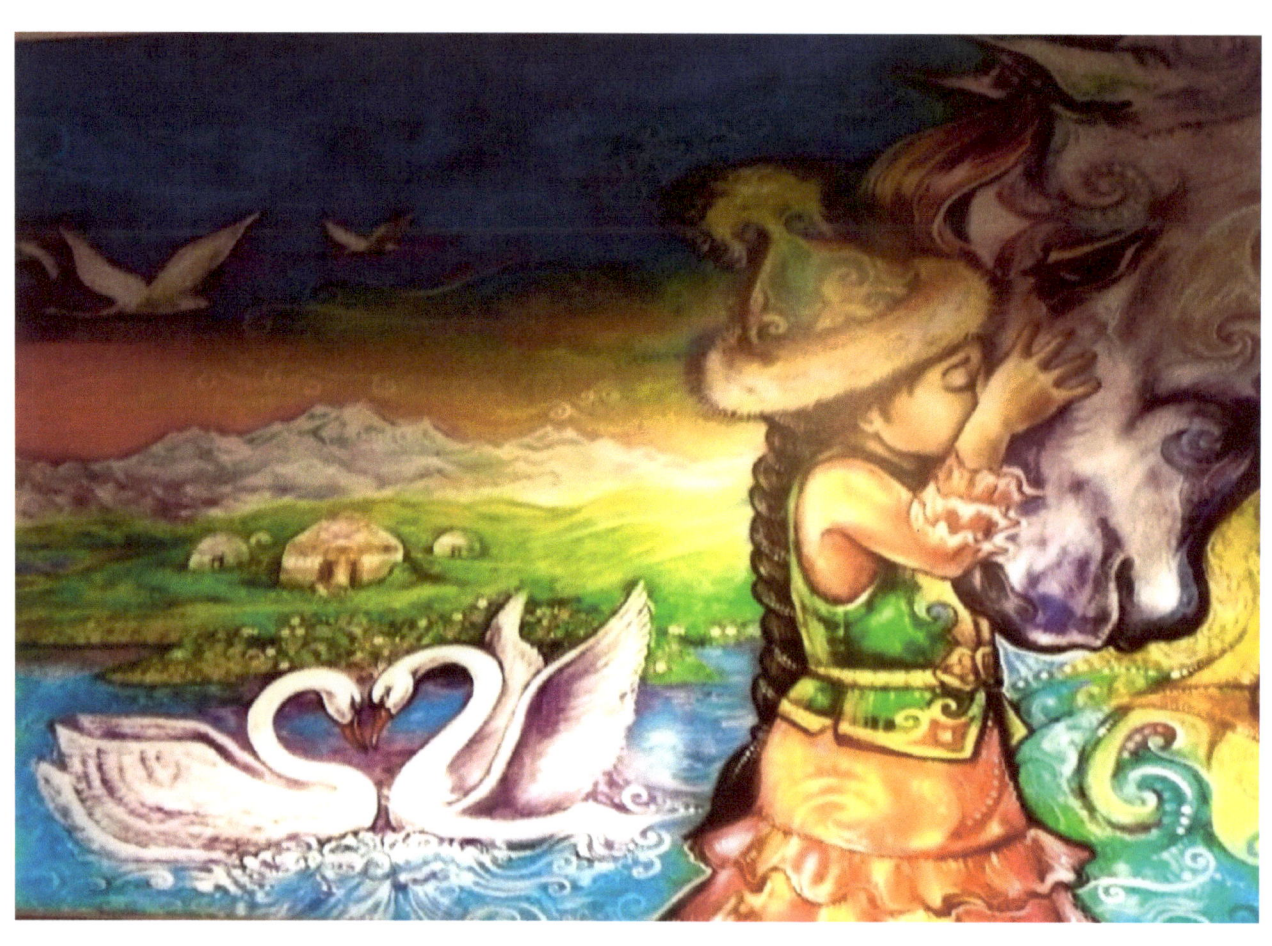

Ascolta
la favola antica
la mamma
racconta
la mamma
è stata bambina
ti sembra
un tempo lontano.
D'un tratto
ti svegli
e la favola
ha la tua voce.

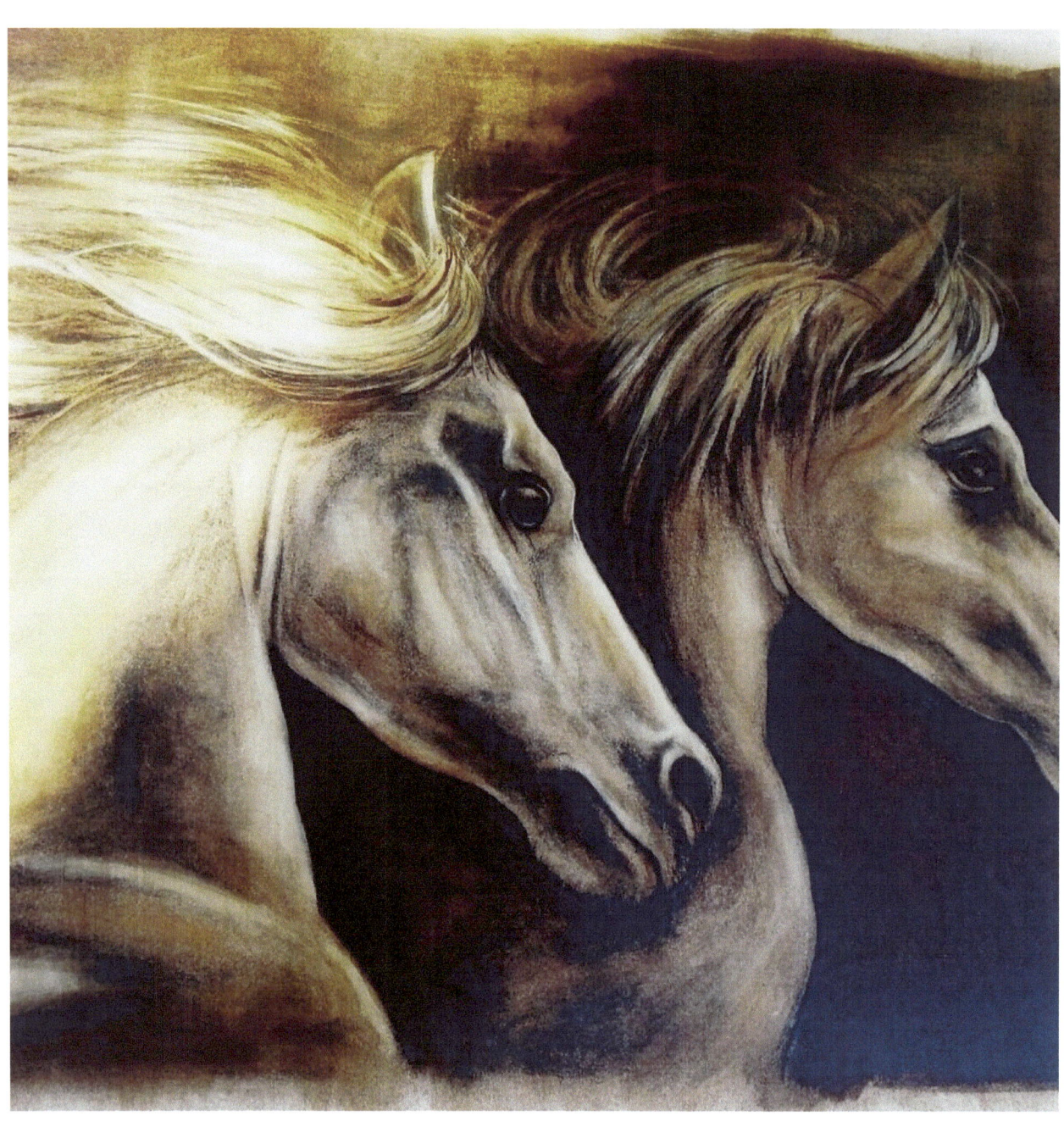

Ti terrò
lontano dal mondo
in una corsa di cavalli
perpetua.
L'unica parola
che conoscerai
sarà libertà.

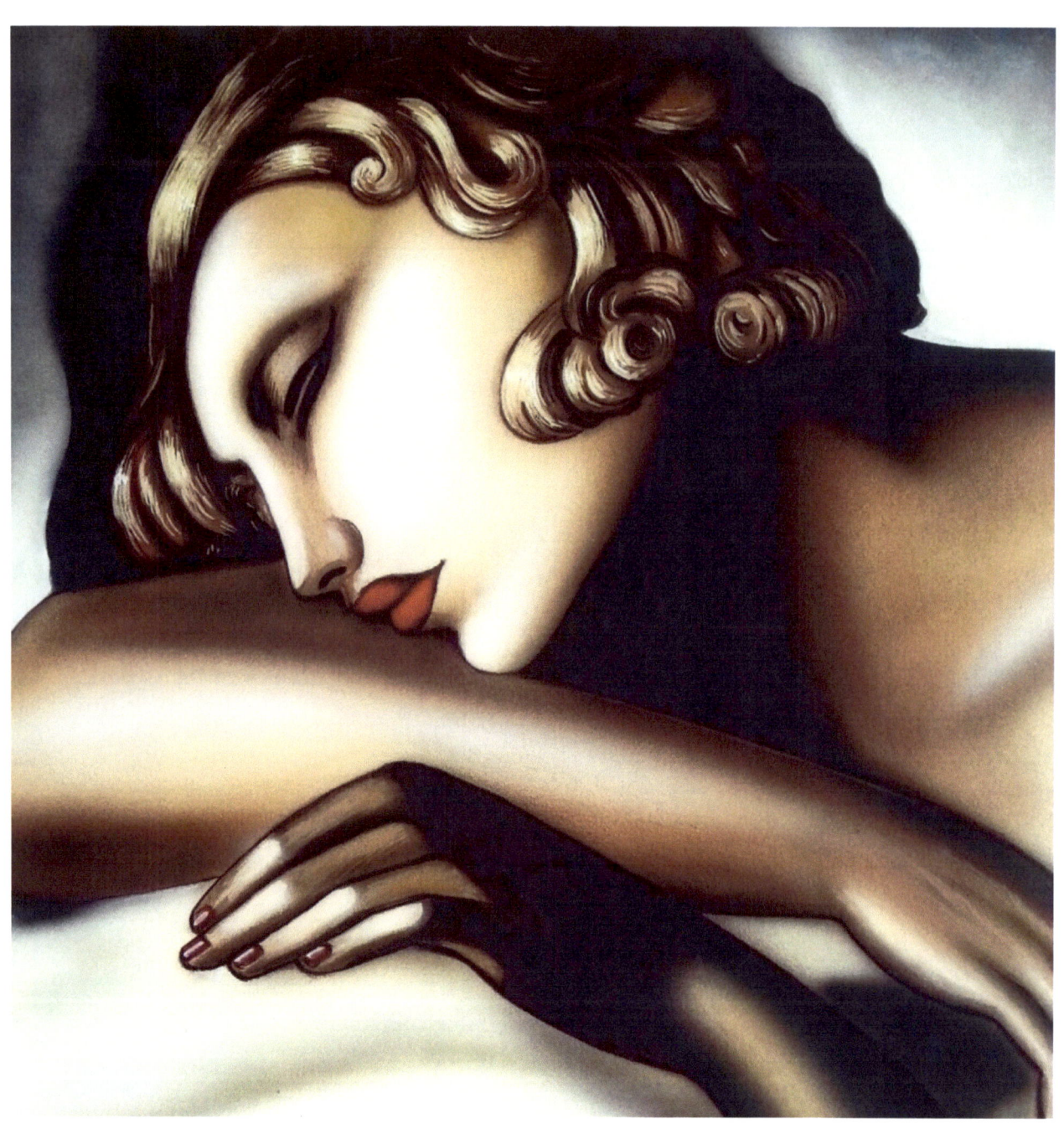

Sognava
e l'abbandono del tempo
fluiva sul volto
immobile
come tenera pietra,
scendeva dalle braccia
alle mani
indifese.
Sognava
l'amore perfetto?
Un gesto sublime
che desse speranza?
Un tempo sepolto
in giorni lontani?
Le palpebre chiuse
già sapevano
dimenticare
per poi tornare
alla vita di sempre.

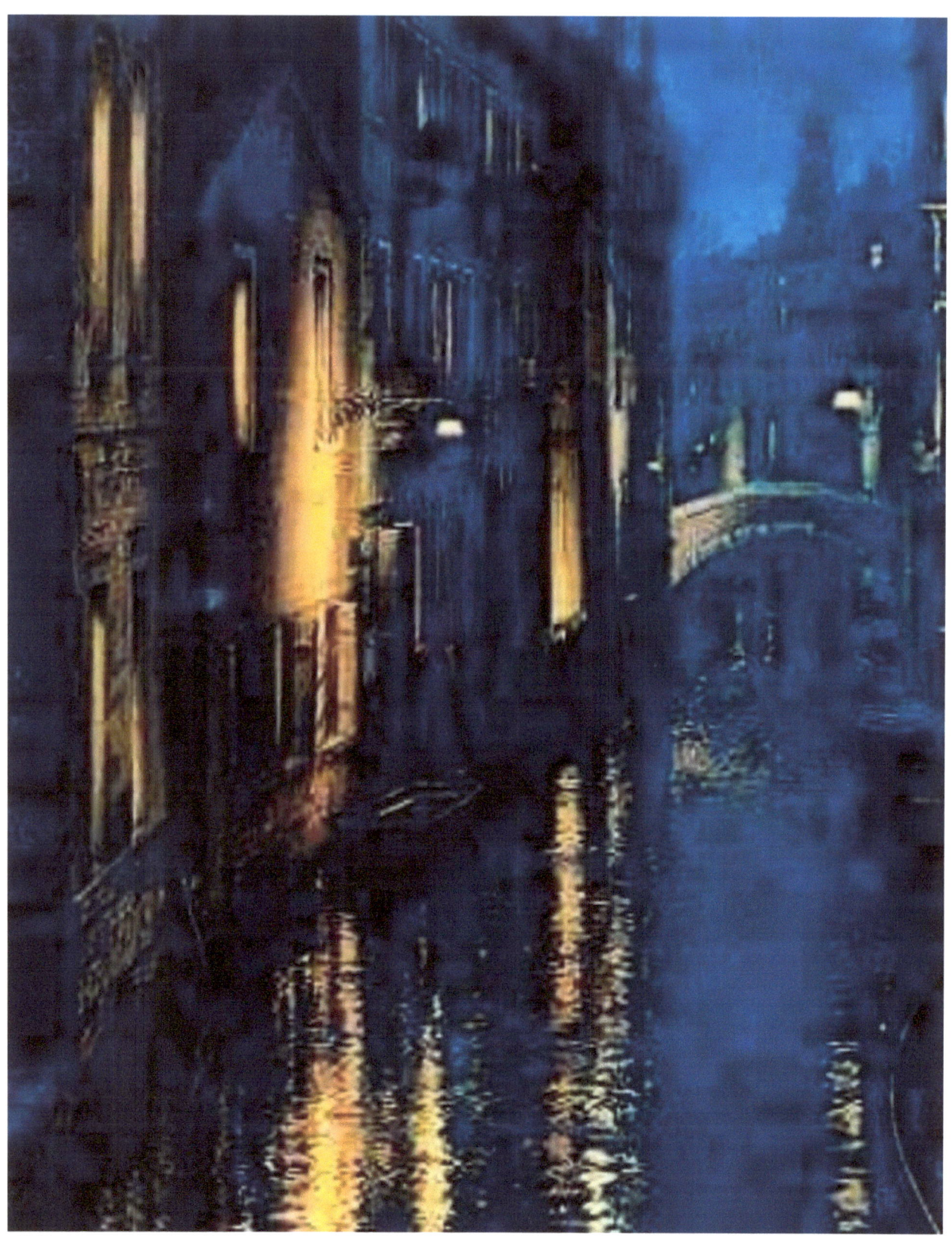

Nella notte Venezia
non è più una città
è un organo vivo
di cose nascoste
tra le luci tremanti
sugli specchi
scuri dei canali.
Tutto può accadere
ad ogni istante
di quiete attonita
nei secoli.
Tutto si ripete
e si ripeterà.
Lei è il cerchio
immutabile.
Lei non ha più
tempo,
non ha età.
Non è eterna,
è immortale.

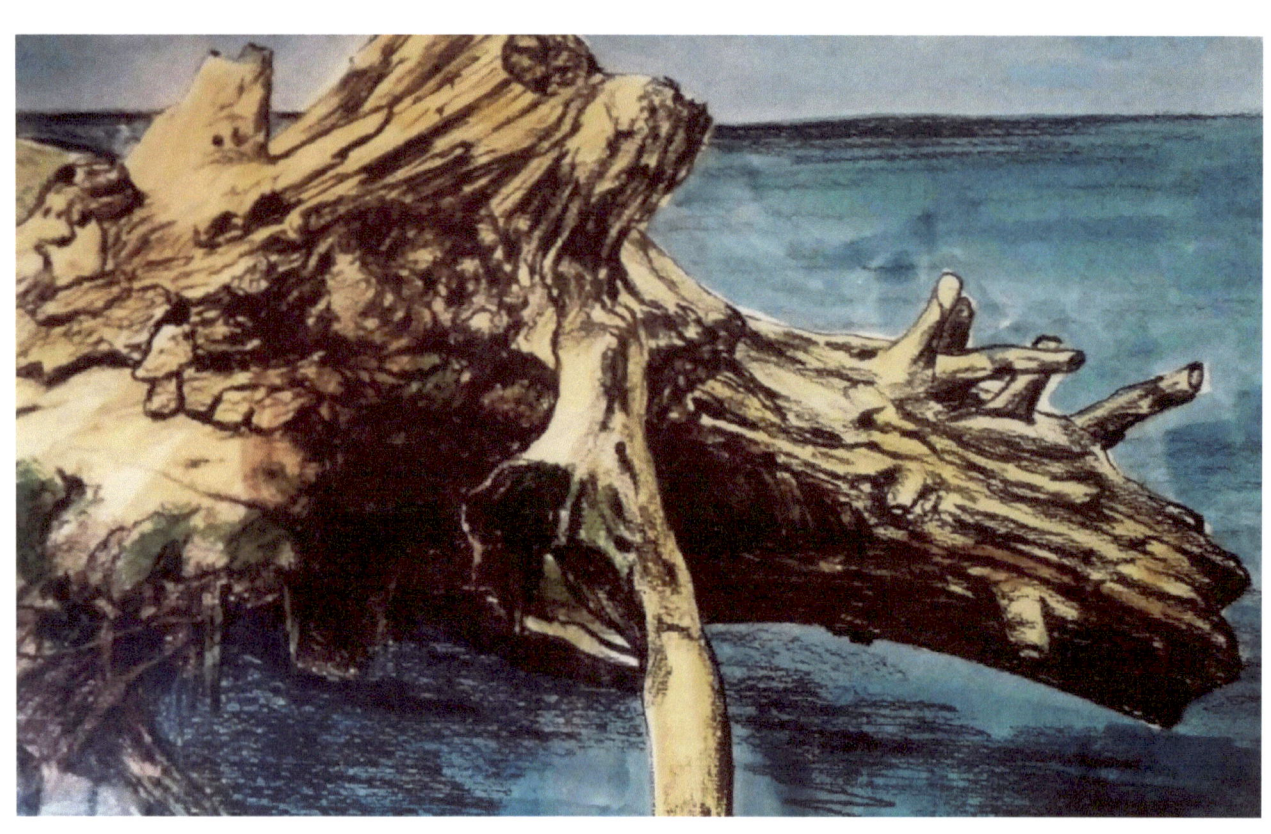

Le radici mie
affondano oltre
questa sabbia
nel mare senza confini.
È il sogno di libertà
d'un vecchio tronco
abbandonato:
galleggiare
nell'immensità.

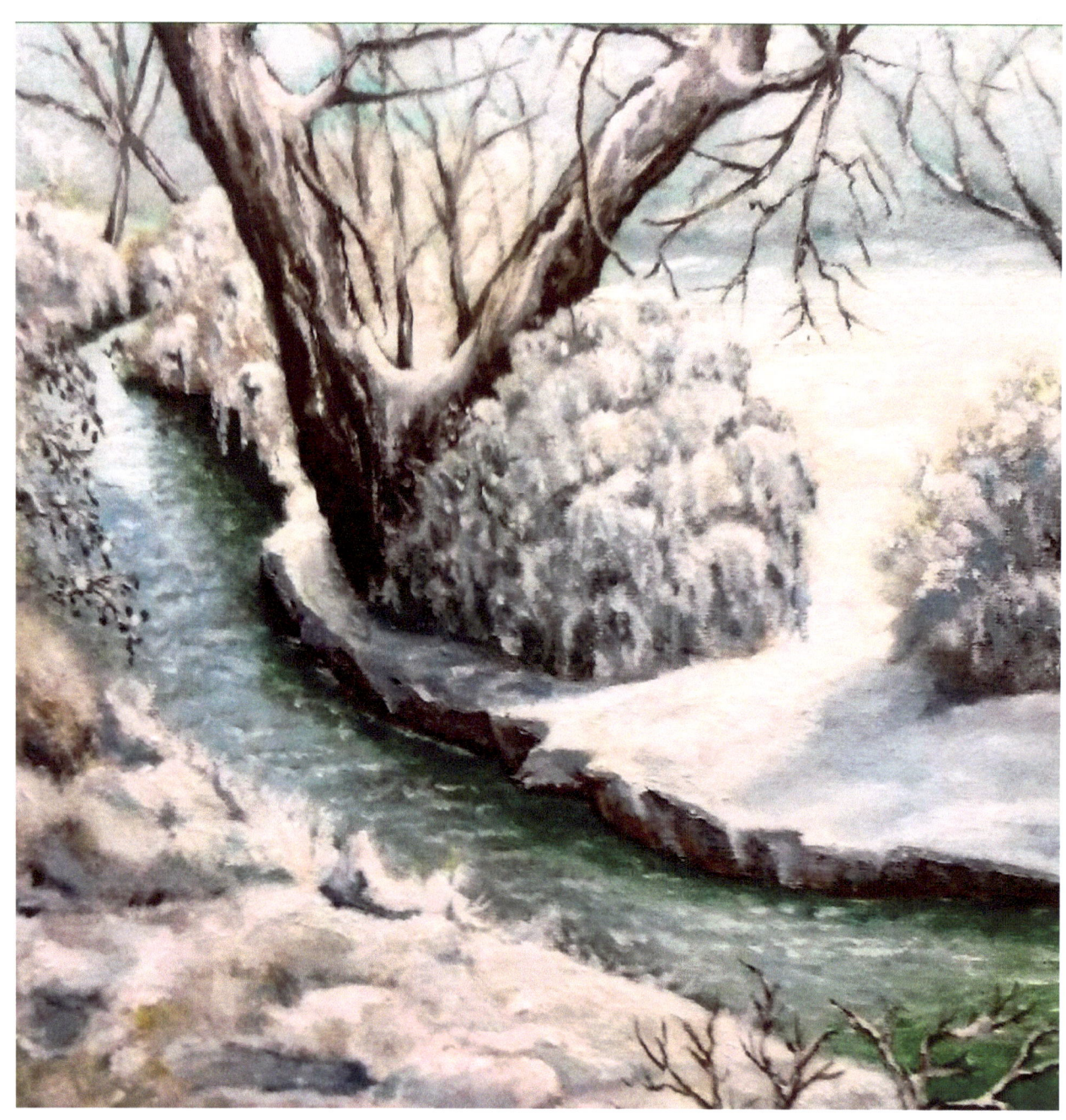

Se potessi
scorrere via
come un fiume
dalle acque
color del cielo
ti giocherei
solitudine
sepolta nell'anima.

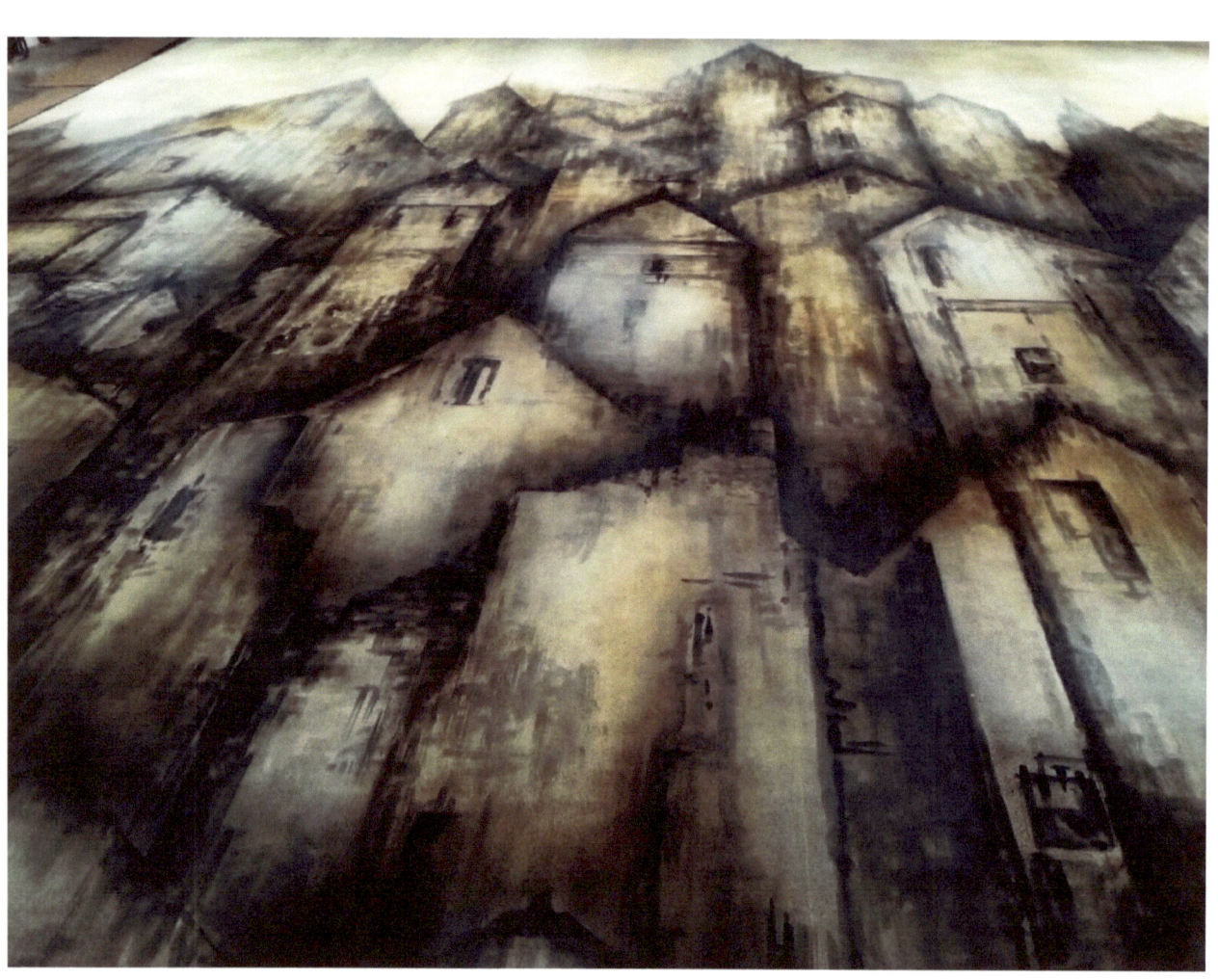

Non vedi
che le tue montagne
sono case grigie
vuote di solitudini,
ignorate?
Non senti
il peso delle mura
le crepe
negli angoli più remoti?
Queste strade
sono valli strette
soffocate nell'ombra
di gesti
sempre uguali.
Queste case
sono montagne
di anime erranti.

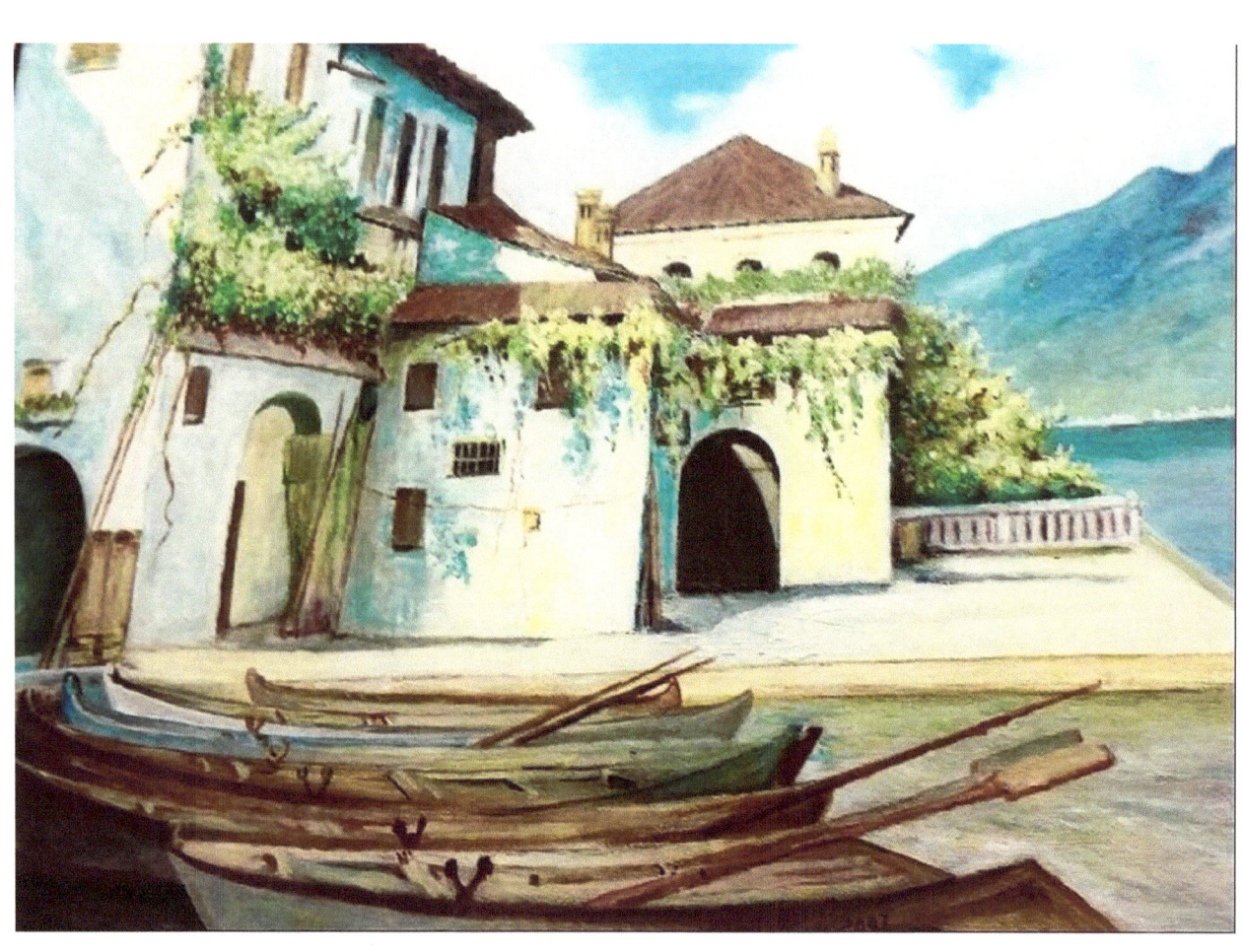

Il castello sul mare
e una casa normale
un po' antica
serrata nel cuore
un ricordo d'infanzia
o forse chissà...
Se la trovo
nei piccoli sogni
d'un tempo
ci andrò
ad abitare.
Il portone è serrato
dal sole
che scalda le acque
e le barche di legno.
E calda
la vita s'innonda
ferma di foglie
e di rami, in quell'ombra
di insetti ronzanti.
Nel silenzio
di quel piccolo mondo
dietro al portone
io sarei al sicuro
ma saprei ricordare
che oltre le mura
si può prendere
il largo.

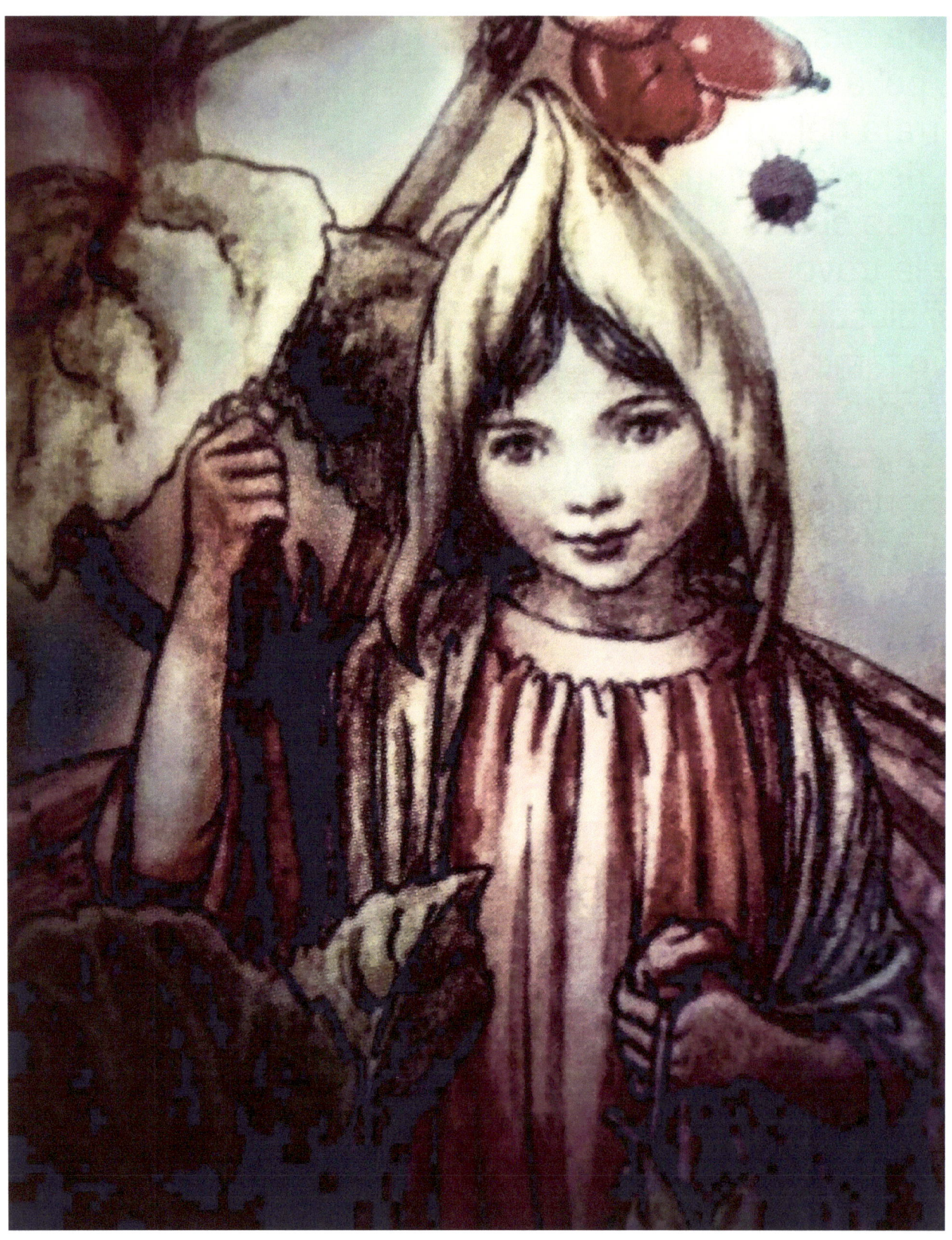

È una fata dei boschi,
quando ride
colora ogni cosa
con tratti
di cristallo
e rugiada.
Lei ha un buffo
cappello
e quando lo toglie
nuvole scure
di fili di seta
si spandono
intorno.
E se piange
il verde degli occhi
si stinge
e finisce
tra i boschi
d'intorno
al suo mondo
di fiaba.

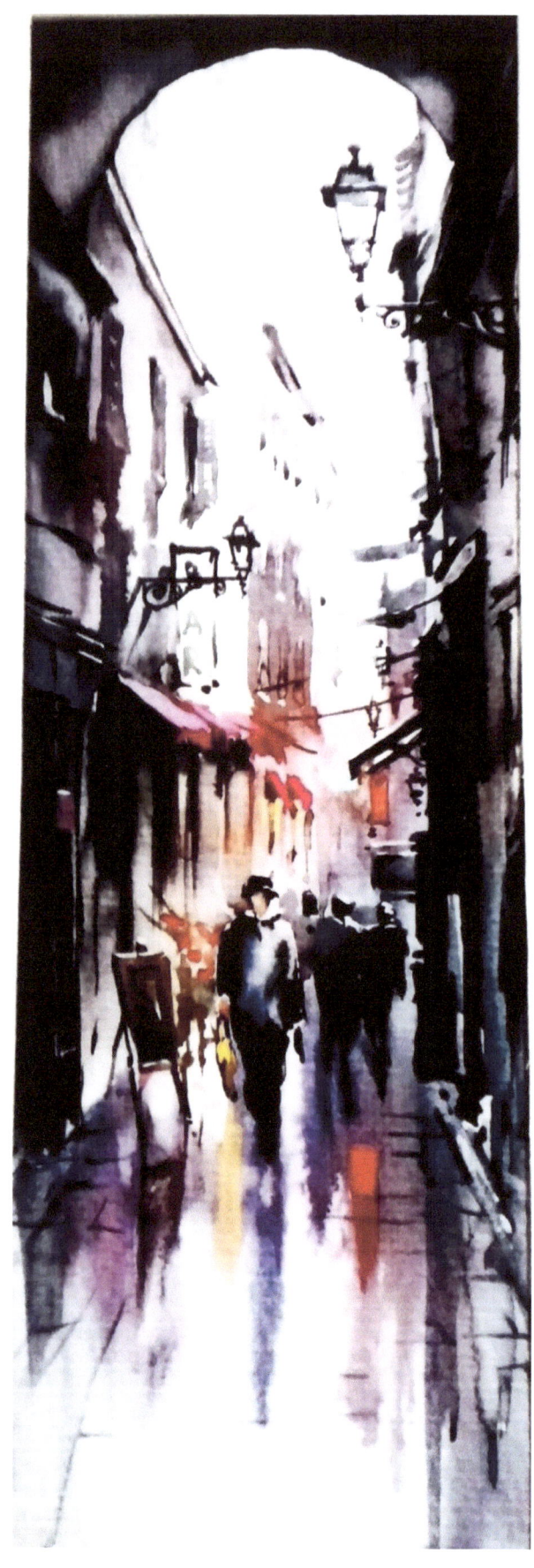

E quando spiove
ma il sole non torna
che i colori del mondo
sono più intensi
e più tristi.
Come su tela grigia
danno quella
giocosa allegria
che ha un fondo
di silenziosa malinconia.

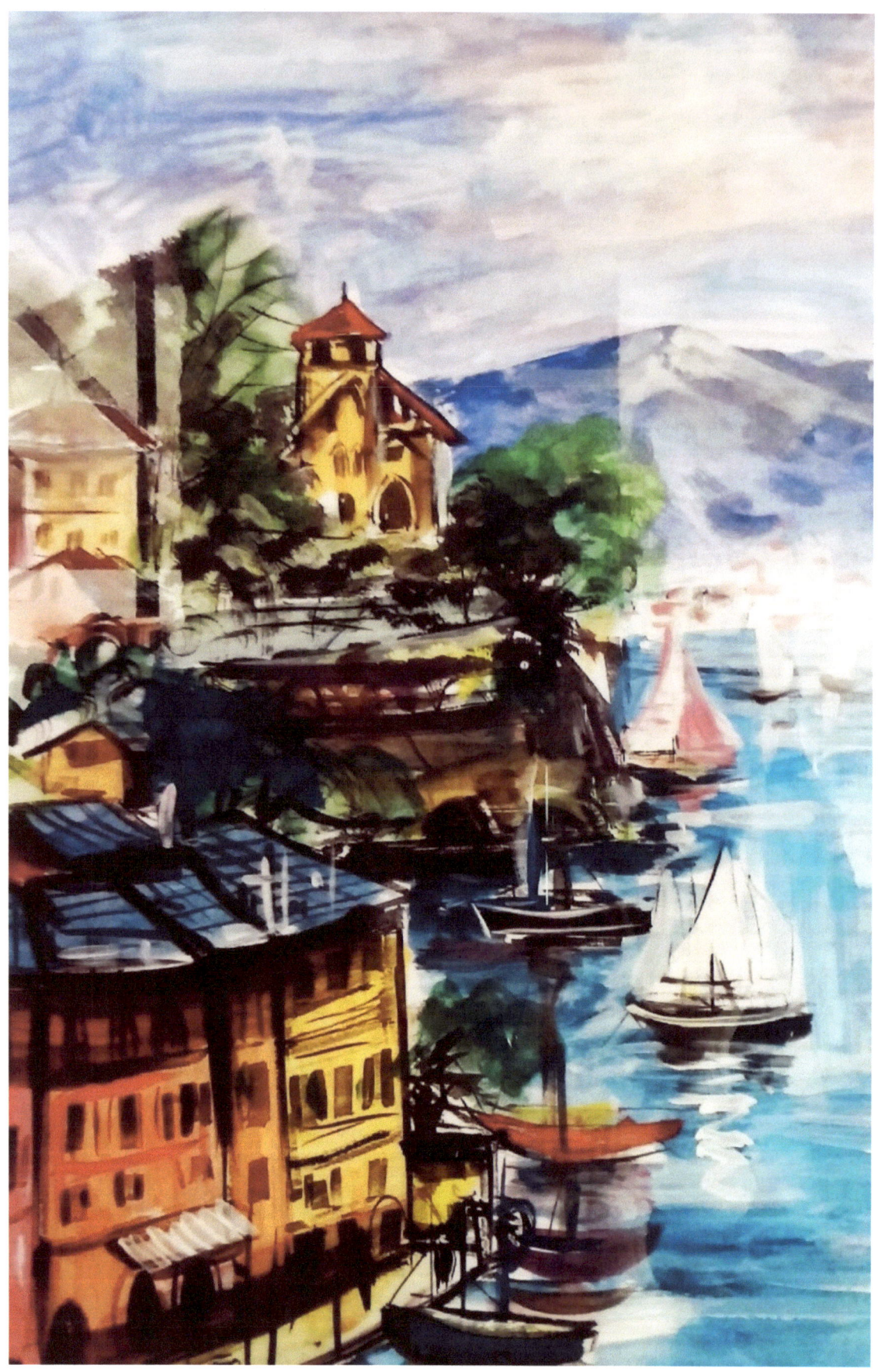

Sei così.
Come un lontano
paesaggio marino
non vuoi farti
raggiungere
dalla memoria.

E allora
io calco la mano:
non hai scampo,
ti voglio dimostrare
che sarai sempre
il mio cuore.

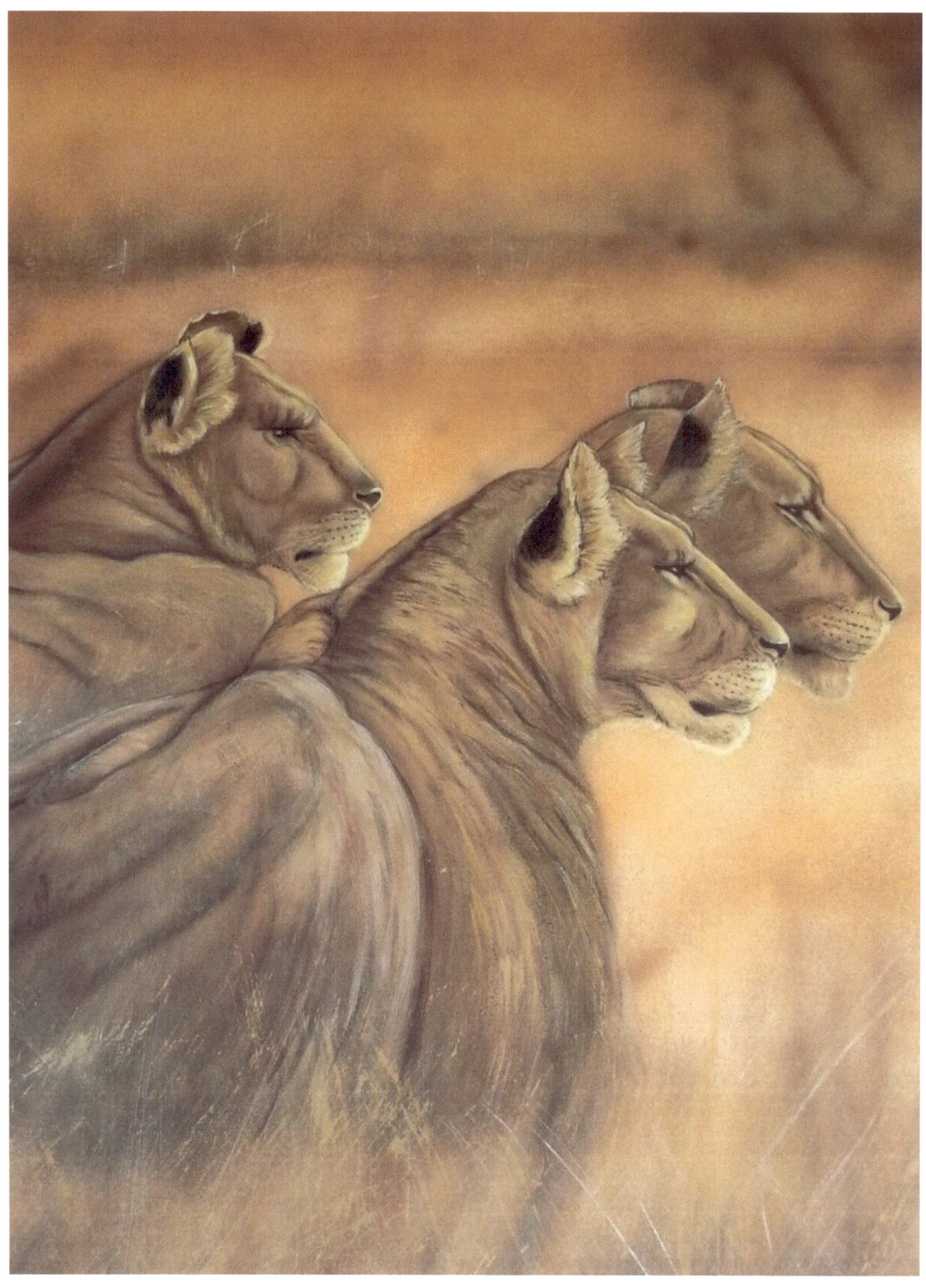

La savana
è una dura carogna
non si può masticare
da soli.
Con lo sguardo
sorvegliano
le tre leonesse.
La caccia
è senza orizzonti
nemmeno le vittime
piangono
niente si deve fermare.

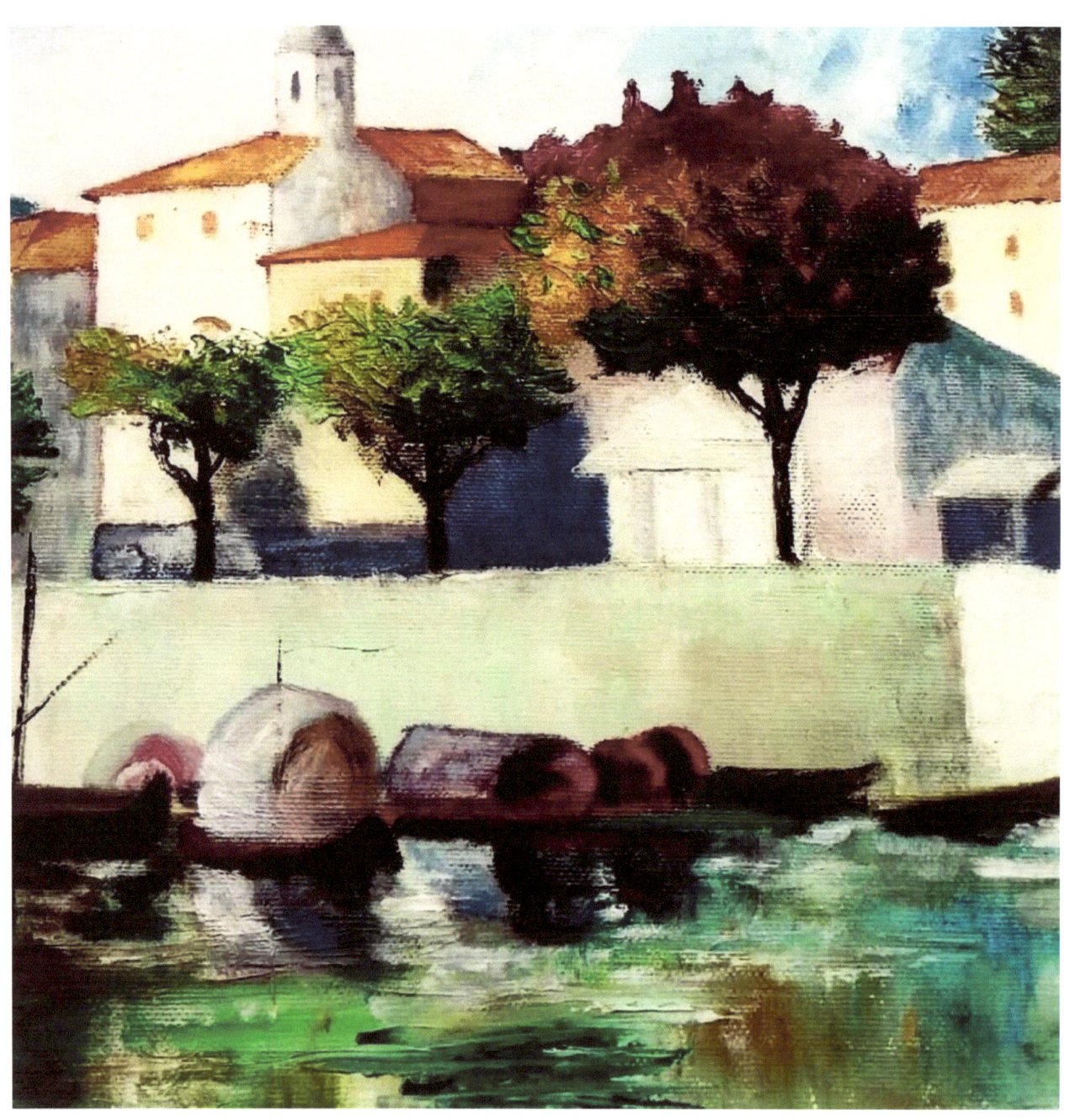

Le barche riposano
in questo porto
dimenticato dal mondo.
Sono specchio
degli alberi a terra.
intorno
si muove la vita
ma loro
come saggia colonna
contemplano il mare.

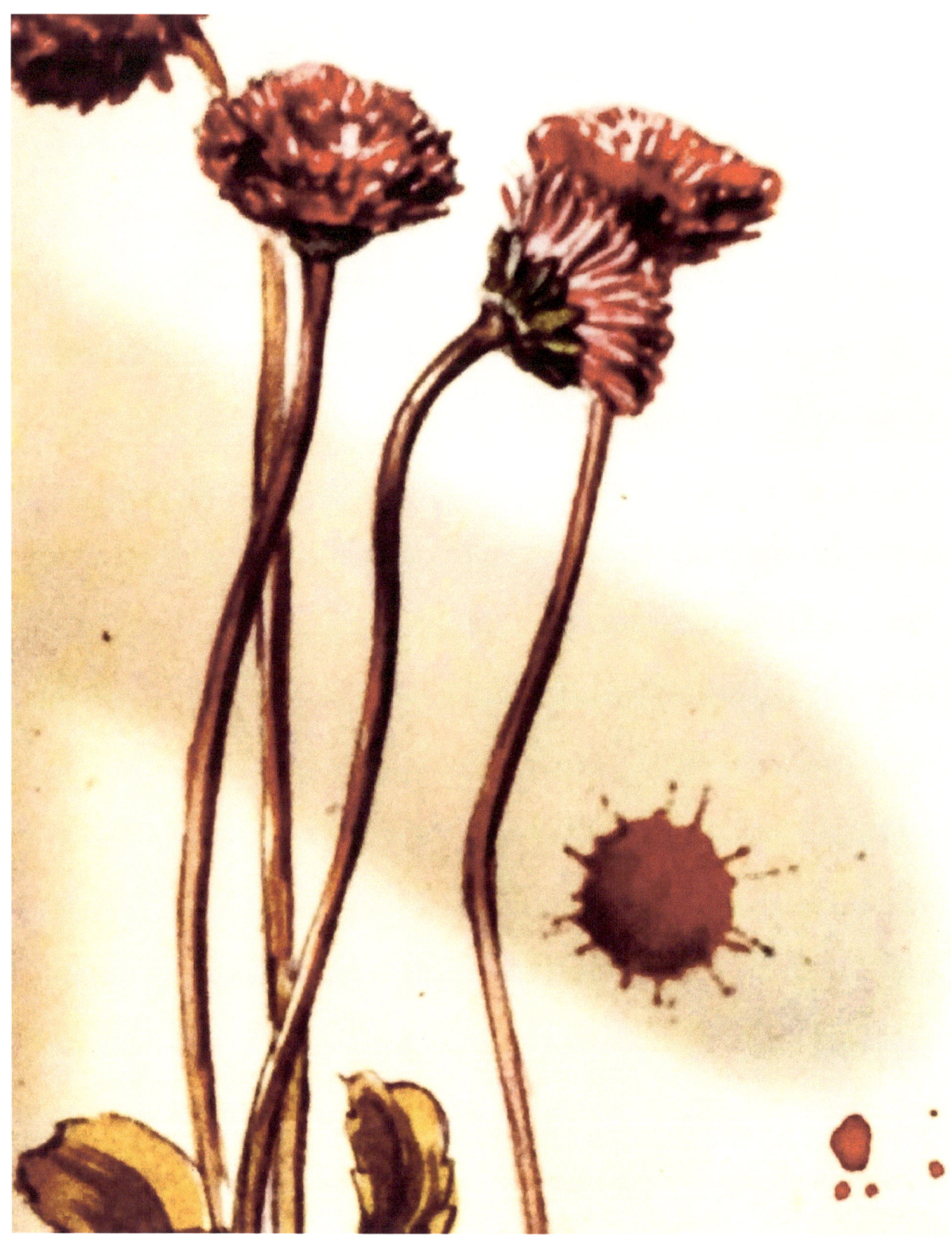

Tu non credi
che la macchia
di sangue
tra i fiori
sia caduta da sola.
Tu non sai
che bellezza
e dolore
stanno insieme
da sempre.
Sono eterni rivali:
sono come da bimbi
la dolce fanciulla
dormiente
nella notte senza luna
dove esiste l'ombra
dell'uomo nero.
Ma la macchia di sangue
da sempre
lo sa.

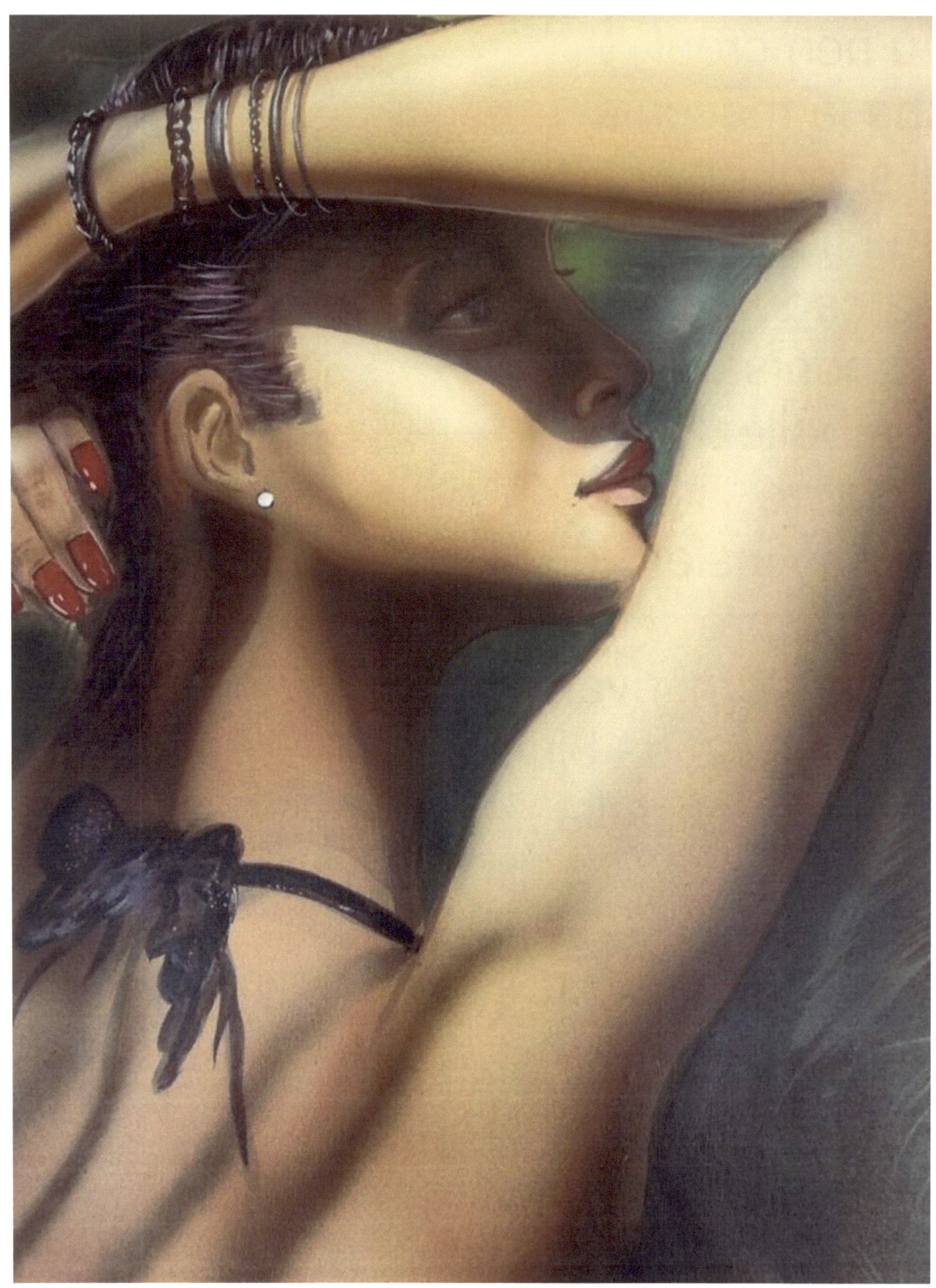

Ritratto nero su bianco

L'arte è senza confini
non ha censo
ne chiacchiere vane
l'arte è emozione
è una vita normale
che vede
bellezza che sfugge
dolore e colore
tristezze
lasciate nel limbo
da sempre.
E la ferma
la vita
per te
che la vivi
ma non vedi
con gli occhi
d'un saggio bambino
perenne.

LIBRI DI ANNARITA CORIASCO

"UN CASO COMUNE – Delitti di provincia 1" (giallo)
"OMICIDI TRA LE RIGHE – Delitti di provincia 2" (giallo)
"LO SPECCHIO, LA SPADA, IL FUOCO E LE CATENE" (fantasy)
"MOVIE PLANET" (giallo fantascientifico)
"PROFILO D'AUTORE" (umoristico)
"DISARMONY – Racconti rosa 'sciocching'" (con Duilio Chiarle, umoristico)
"SUL SERIO MA NON TROPPO" (umoristico)
"SABBIE MOBILI" (poesia)
"VOCI FUORI CAMPO" (poesia)
"ODI BUROCRATICHE" (umoristico)
"UNICO INDIZIO: UN FILO D'ORO – Le indagini di Lady Costantine (Torino 1806)" (giallo)
"IL SUONO SEGRETO DELL'ARPA – Delitti di provincia 3" (giallo)
"UN PICCOLO MISTERO MORTALE – Le indagini di Lady Costantine Vol.2 (Torino 1806)" (giallo);
"L'INCIDENTE CHIAPPERO – PESCOTTINO – Delitti di provincia 4" (giallo);
"UN RICAMO DI FRAGOLE ROSA – Delitti di provincia 5" (giallo)
"VOX POPULI" (poesia)
"IL QUADERNO DELLE VEGLIE" (poesia)
"ASSASSINIO AL 3x2 – Delitti di provincia 6" (giallo)
"IN COPIA DIFFORME" (poesia – satira)
"MATRIMONIO CON PRANZO AL 'BOSCHETTO' – Delitti di provincia 7" (giallo)
"LA MORTE IN CALZAMAGLIA – Delitti di provincia 8" (giallo)
"SETTE NOTE E UN PESCESPADA – Delitti di provincia 9" (giallo)
"I GIARDINI DI MARVIN" (poesia)
"LE MELE MARCE DI DON SECONDO – Delitti di provincia 10" (giallo)
"L'ULTIMO SORRISO – Delitti di provincia 11" (giallo)
"DELITTO AGLI INIZI DI SETTEMBRE – Delitti di provincia 12" (giallo)
"POESIE D'ARTE E DI AMICIZIA" (con Ilaria Landini, arte).

LIBRI DI DANILO CORIASCO

"POESIE E PENSIERI POSTUMI DI UN CARRELLISTA FIAT" (poesia)